JUGUEMOS
Las Artes Marciales

Karen Durrie

www.av2books.com

Go to **www.av2books.com**, and enter this book's unique code.

BOOK CODE

F445234

AV² by Weigl brings you media enhanced books that support active learning.

This AV² media enhanced book gives you a fully bilingual experience between English and Spanish to learn the vocabulary of both languages.

English

Spanish

AV² Bilingual Navigation

X CLOSE

HOME

CHANGE LANGUAGE
ENGLISH SPANISH

LANGUAGE TOGGLE

BACK NEXT

PAGE TURNING

PAGE PREVIEW

2

JUGUEMOS
Las Artes marciales

CONTENIDO

Me encantan las artes marciales. Hoy voy a hacer artes marciales.

Como un PROFESIONAL

Las artes marciales comenzaron hace miles de años.

5

Me visto para las artes marciales. Me pongo un traje blanco. Me ato mi cinturón amarillo.

Como un PROFESIONAL

El traje de las artes marciales se llama Gi.

Voy a mi clase.
Veo a mis amigos.

Como un PROFESIONAL

Primero nos estiramos para calentar nuestros músculos.

9

Me inclino ante el maestro. El maestro nos muestra lo que debemos hacer.

Como un PROFESIONAL

El kung fu y el karate son dos clases de artes marciales.

Necesito piernas y brazos fuertes. Tengo que observar y escuchar.

Como un PROFESIONAL

Entre más hago artes marciales, mejor las hago.

Pateo con mis pies.
Golpeo con mis manos.
Todos hacemos los
mismos movimientos.

Como un PROFESIONAL

Hacemos las artes marciales con los pies descalzos.

15

Patear y golpear me ponen sediento.

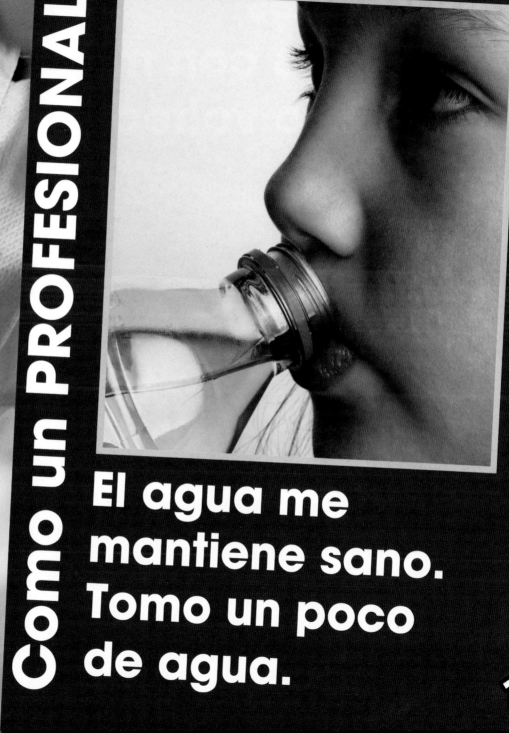

Como un PROFESIONAL

El agua me mantiene sano. Tomo un poco de agua.

Hago artes marciales con mi amigo. Lo volteo.

Como un PROFESIONAL

Muchas salas de clase tienen pisos acolchados.

19

Obtengo un cinturón nuevo. Es color naranja. Me siento feliz. Me encantan las artes marciales.

DATOS SOBRE LAS ARTES MARCIALES

Esta página proporciona más detalles acerca de los datos interesantes que se encuentran en este libro. Basta con mirar el número de la página correspondiente que coincida con el dato.

Páginas 4–5

Las artes marciales son para defensa propia y no deben ser utilizadas para la agresión o la violencia. Muchos tipos enseñan a protegerse usando las manos, brazos, pies, piernas y cuerpo. Muchas artes marciales que se hacen hoy en día vienen del Asia antigua, pero otras formas también fueron practicadas en otras partes del mundo.

Páginas 6–7

El traje Gi es una chaqueta atada con un cinturón y pantalones cortos. El ajuste flojo permite comodidad y facilidad de movimientos. La tela resistente aguanta los jalones y el frote. Pueden ser de muchos colores pero en blanco o negro es más común.

Páginas 8–9

Los músculos fríos están tiesos, y las torsiones y giros repentinos pueden lesionar. Calentar y estirar los músculos antes de practicar artes marciales puede reducir el riesgo. Los músculos calientes son más flexibles y producen energía con más rapidez para los movimientos rápidos de las artes marciales.

Páginas 10–11

Inclinarse ante un maestro (llamado generalmente sensei) es una señal de respeto. Se hace en la mayoría de las artes marciales. Hay cientos de tipos de artes marciales. Algunas copian los movimientos de animales, mientras que otras usan espadas o palos de bambú. Algunos otros tipos son el Judo, el Tae Kwan Do y el Tai Chi.

Páginas 12–13

La mente y el cuerpo se ejercitan con las artes marciales. Concentración, disciplina, paciencia y autocontrol se pueden aprender con las artes marciales. También pueden ayudar a los niños a adquirir confianza y autoestima. Ayudan a desarrollar cada vez más el equilibrio, la fuerza y la flexibilidad del cuerpo.

Páginas 14–15

Una clase típica de artes marciales incluye calentamiento, posiciones básicas y movimientos (puñetazos, patadas, bloqueos y golpes, en su lugar o desplazándose en el piso). También se enseñan secuencias de movimientos. Los estudiantes normalmente practican los mismos movimientos y secuencias juntos.

Páginas 16–17

Si haces ejercicios o deportes, tu cuerpo necesita más agua. Sin suficiente agua, no serás tan rápido ni estarás tan alerta como quisieras. El agua es importante para ayudar a tu cuerpo a mantener una temperatura saludable.

Páginas 18–19

Se puede aprender a usar fuerza y movimientos para vencer a un oponente en una competencia de artes marciales. Ciertas artes marciales usan equipo de protección. Se enseña cómo caer para no sufrir lesiones. Hay reglas en las competencias que no te permiten golpear ciertas partes del cuerpo de tu oponente.

Páginas 20–21

Se evalúan los niveles de habilidad en las artes marciales con cinturones de diferentes colores. El primer cinturón es blanco y en muchas artes marciales el cinturón del experto es negro, con muchos colores de cinturones en el medio. Se debe pasar una prueba de destreza dada por el sensei para recibir el siguiente cinturón. Puede pasar mucho tiempo antes de ganar un cinturón negro.

Check out av2books.com for your interactive English and Spanish ebook!

Ganamos el partido. Nos sentimos cansados y felices. Me encanta el hockey.

1 Go to av2books.com

2 Enter book code

F 4 4 5 2 3 4

3 Fuel your imagination online!

www.av2books.com

Published by AV² by Weigl
350 5ᵗʰ Avenue, 59ᵗʰ Floor New York, NY 10118
Website: www.av2books.com   www.weigl.com

Durrie, Karen.
  [Martial arts. Spanish]
  Artes marciales / Karen Durrie.
       p. cm. -- (Juguemos)
  Includes bibliographical references and index.
  ISBN 978-1-61913-202-3 (hardcover : alk. paper)
  1. Martial arts--Juvenile literature. I. Title.
  GV1101.35. D8718 2012
  796.8--dc23
                                        2012020134

Printed in the United States of America in North Mankato, Minnesota
1 2 3 4 5 6 7 8 9 0 16 15 14 13 12

012012
WEP170112

Senior Editor: Heather Kissock
Art Director: Terry Paulhus

Weigl acknowledges Getty Images as the primary image supplier for this title.